幼稚園・保育園の

子どものこころとからだを動かす すごい教え方50

斎藤 道雄 [著]

黎明書房

「すごい教え方」は，本当はそれほどすごくない

ぼくの仕事はスポーツインストラクターです。

これまでに，約20箇所の幼稚園や保育園で，体育の指導をさせていただきました。

あるところで，ある体育の先生の指導を見たときのことです。その教え方を見て，「すごい」と思いました。

また，別のところで，別の体育の先生の指導を見たときのことです。その教え方を見て，特別に，「すごい」とは思いませんでした。

それから10年ほど経って，いろいろなことを経験していくうちに，「すごい」についての考え方が変わりました。

「すごい」とは，すごく見えることではなく，ごく普通に見えることが，実は「すごい」ことなのです。

決して，見た目に派手さはありませんが，あたりまえのことを，ていねいに，きちんとこなしている，それが「すごい」ことなのであり，その結果が「ごく普通」に見えるのです。

「すごい」と思わせる人には，「すごい」と思わせたいと考えているところがあります。だから，見る人は「すごい」と思ってしまいます。

でも，「すごい」と思わせたいと考えているその時点でもう，ぼくは，「すごくない」と思うのです。

ぼくが考える「すごい教え方」とは，本質を考えることです。

本質を考えるとは，大切なことと，大切でないことを，見分けることです。

そして，少なくともぼくにとって，見る人に「すごい」と思わせることは，大切なことではありません。

だから，大切でないことにふり回されないように，考えるのです。

「本当に大切なことは何か？」

この本の中には，その答えを考えるヒントがたくさん書いてあります。

でも，答えそのものは書いてありません。なぜなら，その答えは，あなたの中にあるからです。

第1章では，「子どものこころを動かす」をテーマに，道徳やマナーの教え方，集団行動をするときの雰囲気のつくり方，わかりやすい話し方についてお話しします。

第2章では，「子どものからだを動かす」をテーマに，幼稚園や保育園の先生が，運動や遊び，そして安全を教えるときに，役立つ知識についてお話しします。

どうぞ，この本を読んで，考えて，あなたの中にある「本当に大切なことは何か？」への答えを探してみてください。

2007年10月

クオリティー・オブ・ライフ・ラボラトリー
斎藤 道雄

もくじ

第1章

子どものこころを動かす

01 「なぜ，話している人の顔を見て話を聞かなければいけないか」を考える

「話している人の顔を見て聞きなさい」

おとな（先生）は，子どもたちに話をしているときに，よく，こう注意します。

では，なぜ，話を聞くときは，話している人の顔を見なければいけないのでしょうか？

顔を見ないと，話を聞けないからでしょうか？

でも，顔を見なくたって，話を聞くことはできます。

だから，「話を聞けないから」は適当な理由ではありません。

顔を見て話を聞くことがマナーだからでしょうか？

そうだとしたら，そのマナーの意味は何でしょうか？

顔を見て話を聞かなければいけない理由を，子どもにどう説明したらよいのでしょうか？

ぼくは，こう考えます。

話している人の顔を見て聞かないと，話している人が「悲しくなるから」。

もしも，あなたが友達に話をしているのに，その友達がずっと携帯電話でメールをしながら聞いていたら，あなたはどんな気持ちになるでしょうか？　それと同じことです。

だから，子どもたちにも，正直にそう言って聞かせます。

「先生が話しているときに，みんなが先生の顔を見ないと，先生は悲しい気持ちになります。だから，話を聞くときは，話している人の顔を見て聞こうね」

02 「なぜ，あとから来た人は後ろに並ばなければいけないか」を教える

子どもたちに並ぶことを教えるときに，おとな（先生）は，あとから来た人は後ろに並ぶように教えます。

では，なぜ，あとから来た人は後ろに並ばなければいけないのでしょうか？
そのことを考えさせるために，あるとき，子どもたちにこんな質問をしてみました。

「あとから来た人はどこに並んだらいいと思う？」
「うしろ～」
「うん，そうだね。じゃあ，なぜ，あとから来た人は後ろに並ばなければいけないの？」
「いけないから～」
「そうだね。じゃあなぜ（そうしないと）いけないの？」
「……」

ここまで，子どもにつきつめて考えさせると，だいたい答えられなくなります。それは，それ以上のことを考えたこと（教えられたこと）がないからです。

だから，おとながそれ以上のことを考えさせます。

「もしも，きみがあとから来た人に抜かされたら，どんな気持ちになる？」

「いや～」
「そうだね。**人にされていやなことは，やってはいけないんだよ**」

子どもの中では，「後ろに並ばなければ」「ほかの人に迷惑がかかる」，この2つのことが，つながっていません。
なぜなら，子どもにとってもすでに，あとから来たら後ろに並ぶことがあたりまえになっていて，そこで思考が停止しているからです。

だから，おとながうながして，思考をさせる必要があるのです。それには，まずは，おとながもっともっと思考する必要があるのです。

03 並んで体操することの理由を考える

あるちびっこ体操教室で，きれいに並んで（整列して）準備体操をしていました。体育の授業の準備体操も，町内会のラジオ体操も，いたるところで並んで体操をしています。

では，なぜ，体操をするときは並ぶのでしょうか？

間隔を空けるためでしょうか？
確かに，並ぶと間隔を空けやすいことは事実です。
でも，並ばなくても（バラバラでも）間隔を空けることはできます。

ぼくには，並んで体操をする理由がわかりません。
でも，ひとつだけ，言えることがあります。それは，並んでも並ばなくても，どちらでも体操はできるということです。

なぜ，ぼくがこんなことを考えるのかというと，どうしても，体操をするときに並ぶことに必要性を感じることができないからです。
日常生活で，並ぶことが必要になるのは，せいぜい順番を待つときぐらいのものです。そこでは，順番を待つ必要があります。駅で切符を買う，スーパーでレジに並ぶ，どれも順番を待つ必要があるから並んでいます。

体操をするのに，並ぶことがいいとか，いけないとか言っているのではありません。
もしも並ぶのなら，**並ぶことを選んだその理由こそが，大切**ではないでしょうか。

04 周囲の期待よりも，子どもの未来を優先する

子どもを集団で指導するときに，あまりに，周囲の期待にこたえようとすると，指導の方針を見失うことがあります。

あるちびっこサッカー教室の先生は，こんなことを言っていました。
「親たちは，子どもに何とかして勝たせたいと思っています。その気持ちはとてもよくわかります。
それに，勝たせることだけを考えて指導するのは，とても簡単です。なぜなら，勝つための練習だけをさせればいいからです。
でも，勝つための練習をさせることと，人を育てることは違います。勝つための練習をさせるだけでは，人を育てることはできないのです」

たとえ，勝つことで周囲の期待にこたえることはできたとしても，はたしてそれが，本当に子どもたちのためになっているかどうかは別の話です。

ある人はこう言います。
「指導とは，技術を上達させること。
教育とは，技術を教えることによって，人を育てること」

周囲の期待にこたえることと，子どもたちの未来と，あなたが本当に大切だと思うのは，どちらですか？

05 おとなが子どもに経験する機会をつくる

子どもに自由にやりたいことをさせてあげる。
何とも聞こえのよいことばです。

でも，このことを言い換えると，やりたくないことはしなくてもよいことになります。

ある保育園の先生に，こんなことを相談されました。
「いやがる子どもに，無理矢理に鉄棒をさせてもよいのでしょうか？」

まず，この先生の一番の心配は，無理矢理にやらせると，子どもが鉄棒を嫌いになってしまわないか，ということにあります。
この「子どもが鉄棒を嫌いになってしまわないか」というのは，子どものことを考えている一方で，「嫌いになってしまったら自分の責任だ」とも考えています。
つまり，「自分のせいで嫌いにさせてしまったらいけない」ということです。

そう考えると，子どもがやりたいことだけをさせた方が無難だということになります。少なくとも，子どもが決めたことを子どもがやるのであれば，おとな（先生）の責任ではなくなります。

でも，本当に子どものことを考えるのであれば，子どもがそれをやりたかろうが，やりたくなかろうが，関係ないのではないでしょうか？

子どもにやりたいことをさせることがいけない，と言っているのではありません。

大切なことは，まず，おとなが子どもに経験する機会をつくることで，経験した結果，子どもはそれを好きになるかもしれないし，嫌いになるかもしれない，ということです。

06 子どもに指示する本当の理由を考える

ちびっこ体操教室で，ある先生がとび箱の授業をしていました。子どもたちは，1列に並んで順番にとんでいます。とび終えたら，戻って列の一番後ろに並びます。

先生は子どもたちに，次のように話していました。
「とび終わったら，先生の後ろを通って戻りなさい」
それは，とび終えたら，とび箱の横で補助をしている先生の背中側を通過して戻りなさい，ということでした。

一見，ごく普通の指示です。でも，問題はその理由です。
どうして先生の後ろを通らせるのか，その理由が問題です。

もしも，「みんながそうしているから」とか，「いつもそうしているから」とかが理由だとすると，指示どおりにしなかった子どもを注意するときに，「みんなもそうしているだろう」とか，「いつもそうしているだろう」と言うことになってしまいます。
そんな理由では，理由にはなりません。

とび箱をとんでから列に戻るまでで，子どもたちに教えなければいけない大切なことは，どこを通ってはいけないのかということです。それは，スタート地点ととび箱の間です。その理由は，危ないから（ぶつかる可能性があるから）です。

ですから，その危ないところさえ通らなければ，どこを通ってもよいことになります。

けれども，理由はどうあれ，先生が「とび終わったら，先生の後ろを通って戻りなさい」と指示したならば，そのとおりにしなければ，先生の言ったことを守らないことになります。

先生の指示したことにきちんとした理由がなくても，それを守らないと，子どもたちは注意されることになります。

だから，子どもに何かを指示する前に，おとなは，そのように指示する理由をよく考えてみてください。

07 必要な約束と必要でない約束を見分ける

子どもにものごとを教えるときに言ったことを，あとになってよくよく考えてみたら，「あれは言わなくてもよかったな」と思うことがあります。

ぼくは，はじめて鬼ごっこをするときには，次の3つのことを約束します。

① どこからどこまで行ってもよいかということ（行動範囲の制限）。
② 笛が鳴ったらすぐに集合すること（終了の合図）。
③ 転んでも泣かないこと。

先日，子どもたちがはじめて鬼ごっこをしたときに，うっかりしてその約束をするのを忘れてしまいました。にもかかわらず，子どもたちは，はじめて鬼ごっこをするわりには，意外にじょうずにできたのでした。

その様子を見ながら思ったことは，いつも同じように，同じことを約束する必要はない，ということです。

それは，**たとえ同じことをするときでも，そのときどきで，するべき約束としなくてもよい約束がある**ということです。

おとな（先生）が子どもに何かを教えるときに，安全のことや，指導がスムーズに展開することをあまりに考えすぎると，言わなくてもよいことを，つい言いすぎてしまうことがあります。

だからと言って，言わずにやらせるのがよいかというと，必ずしもそうではありません。

あらかじめ約束してやらせることはひとつの教え方で，約束せずにやら

せることもひとつの教え方です。どちらを選ぶのがよいかは，その都度，目的や内容，状況に合わせて見分けたいものです。

約束するべきか…
約束しなくてもよいか
……

08 子どもでも言ってはいけないことを教える

「子どもの言ったことだから」とか，「子どもは正直だから」とか，「子どものしたことだから」とかいうように，「子どもだから」という理由で子どもの悪い言動を大目に見ることがあります。

言い換えると，「子どもだからしょうがない」ということです。

先日，ある保育園で，子どもが先生にむかって
「変な髪～」
と言って，まわりの子どもたちは笑っていました。
その子どもは思ったことを正直に言ったのかもしれませんが，これも，「子どもの言ったことだからしょうがない」のでしょうか？

人が何を思うか，それは，人それぞれの自由です。
でも，思うことと，言うことは違います。
いくらそう思っても，言ってもよいことと，いけないことがあります。

その見分け方を，子どもに教えるのがおとなです。
もっと言えば，そのように見分けるときの基準をきちんと教えることも，おとなの役割です。

その基準とは，**「自分がされていやなことは，人にしてはいけない」**ということです。4，5歳になれば，このことをきちんと理解できるようになります。

もしも，「子どもだからしょうがない」と考えるのであれば，いつ，何歳のときから，「しょうがなく」なくなるのでしょうか？

それも，ある日突然，「しょうがなく」なくなるのでしょうか？

「子どもだからしょうがない」のであれば，おとなになっても，やはり，「しょうがない」ということになってしまうのではないでしょうか。

09 子どもに注意する基準を知る

あなたはどんなときに子どもに注意しますか？

一般的に，ちびっこ体操教室の先生が，どんなときに子どもに注意するのか考えてみました。

先生の話を聞かないとき。
やるべきときにわざとふざけているとき。
きちんとあいさつをしないとき。

まだまだほかにもたくさんありそうですが，とりあえず，こんなところにしておきます。

でも，これらひとつひとつのことをもっとよく考えてみると，**子どもに注意する理由は，たったの2つだけにしぼられていきます。**

ひとつは，危険なとき。
もうひとつは，人に迷惑をかけるとき。

先生の話をよく聞かなければ，それはそのまま危険なことにつながる場合があります。
体操の時間にわざとふざけていれば，ケガをするかもしれません。
あいさつをしなければ，あいさつをされない人は，いやな気持ちになるかもしれません。

そんなふうにつきつめて考えていくと，ほとんどの場合，子どもに注意する理由は上の2つに行き着きます。

そして，そのことに気づくと，**これら2つが「どんなときに子どもに注意するか」の基準になります。**

もしも，「あたりまえのことをしなかったから」「言うことを聞かなかったから」「口答えをしたから」といった理由で子どもに注意しているならば，その奥にある本当の理由を，もっとよく考えたいものです。

10 よい雰囲気のつくり方①「できない」を禁止する

集団で行動しているとき，その集団には雰囲気があります。
よい雰囲気のときもあれば，そうでない雰囲気のときもあります。

この集団の雰囲気は，おとなが意図的にある程度つくり出すことができるのです。

ぼくは，ちびっこ体操教室の子どもたちに，「できない」ということばを言わないように教えています。
「できない」と思うことは自由です。でも，口には出さないようにさせています。たとえ4歳の子どもでもです。

ことばには力があります。ただしその力には，エネルギーをプラスにしてくれる力と，マイナスにしてしまう力があります。
エネルギーがプラスになれば雰囲気はよくなり，マイナスになれば雰囲気は悪くなります。

「できない」ということばが持っているのは，エネルギーをマイナスにしてしまう力です。だから，ぼくは，このことばを使うことを禁じています。

もしも，試合前の野球チームのメンバーが，「俺たちは勝てない」と口々に言い出したら，チームの雰囲気はどうなるでしょうか？
子どもたちが「できない」と言うことは，それと同じ影響を，集団の雰囲気に与えるのです。

子どもたちに「できない」ということばを使わせないようにすると，子

どもたちは自然と，同じような否定的なことばも使わなくなります。そしてそのことが，集団のさらによい雰囲気づくりにつながっていきます。

ことばにはエネルギーをプラスにする力とマイナスにする力があると言いました。同じことばを使うなら，エネルギーをプラスにする力のあることばを，子どもたちに使わせたいものです。

11 よい雰囲気のつくり方②
転んでも泣かない約束をする

「転んでも泣かない」

ぼくは，鬼ごっこをするとき，子どもたちと必ずこの約束をします。そして，子どもたちにも，このことばを自らの口で言わせます。

「転んでも〜泣かないっ！」

と，みんなで一斉に，大きな声で。

あらかじめ，この約束のことばを声に出させることで，「転んでも泣かない」という意識を持たせることができます。

あらかじめ「転んでも泣かない」という意識を持っていれば，転んだときに，そのことを思い出すことができます。

思い出すことができれば，泣くことを我慢できるかもしれません。

たとえ，約束をしていても，泣いてしまうこともあります。

でも，約束をしたことによって，泣くことを我慢することもあります。

転んで泣いてしまう子どもの数が減るということは，転んでも泣かない子どもの数が増えるということです。

転んでも泣かない子どもの数が増えてくると，転んでも泣かない雰囲気になります。これを続けていくと，その雰囲気があたりまえになります。

ちびっこ体操教室では，こういう雰囲気がとても大切です。そして，こういう雰囲気は，おとな（先生）が意識すれば，ある程度はつくることができるのです。

先日，子どもたちが鬼ごっこをしていたときのこと。ある子どもが転んでしまいました。今にも泣きそうなその子どものところに，ほかの子どもが近寄っていって，こう言いました。

「転んでも泣かないんだよ」

すっくと立ち上がったその子どもは，また，走り出していきました。

12 よい雰囲気のつくり方③
みんなでかけ声をかける

「エイ・エイ・オー！」
誰でも知っているかけ声のひとつです。
「これから頑張るぞっ！」
そんなときには，子どもたちにかけ声をかけさせます。

たとえば，こんなときです。
ちびっこ体操教室を始めるとき。
鬼ごっこをするとき。
かけっこをするとき。
リレーをするとき。
ドッチボールをするとき。
運動会の競技を始めるとき。
元気を出したいとき。

かけ声をかけるときは，みんなで大きな声を出します。
みんなで大きな声を出すと，元気が出ます。
元気が出れば，士気が高まります。
士気が高まれば，よい雰囲気になります。

その昔，戦に出陣する武士たちがかけ声をかけていたことからも，このことはよくわかります。

かけ声の種類は，場所や場面によってさまざまです。
あなたもぜひ，「このことばをみんなで言えば，一発で元気が出る」，そんなオリジナルのかけ声をつくってみてはいかがでしょうか。

エイ・エイ
オ〜〜!

13 子どもに勝ち負けの理由を理解させる

勝敗のあるゲームで勝つことはうれしいことです。
勝敗には，必ず理由があります。
その理由は，スピードが速かったから，数が多かったから，などです。

でも，子どもは，たとえ勝って喜んでいたとしても，勝った理由をよくわかっていないことがあります。

運動会の練習で，年中（4歳児）クラスが玉入れをしていたときのことです。「白組の勝ち」と言われて，白組の子どもたちは大喜びです。
そのときぼくは，紅組と白組の子どもたち全員に，こう質問してみました。
「どうして白組の勝ちだと思う？」

少し間をおいてから，誰かが答えました。
「数が多いから」
あたりです。でも，その様子からして，勝敗の理由を理解していない子どももいることは明らかでした。
これは，質問をしなければ，気づかなかったことでした。

じゃあ，勝敗の理由がわからない子どもたちは，なぜ喜んだのか？
答えは簡単です。「勝ち」と言われたからです。
ただそれだけのことです。

もしも，子どもたちが勝敗の理由をわかっていたならば，かごに入った玉の数を数え終わった瞬間に，喜ぶはずです。また，玉を数えるときに，どちらの数が多いかが，気になるはずです。

子どもが勝ち負けの理由を理解しているのと，理解していないのとでは，たとえ見た目には同じ競技であっても，その中身の濃さに大きな違いがあるのです。

14 子どもに2つ以上のことを同時に要求しない

子どもに2つ以上のことを同時に要求すると，子どもたちは混乱しやすくなります。
そのことを，運動会で発表する組体操の練習を例にご説明します。

運動会で組体操を発表するには，それなり（人に見せることができるぐらい）に，仕上げる必要があります。

でも，練習するときあまりにそのことばかりを考えすぎると，目につくすべての気になることを，その場ですぐに注意しがちになります。
「もっと速く！」
「手が違う！」
「元気がないっ！」
と，こんなふうに。

でも，すべてのことを一度によくしようとしても，なかなか，思いどおりにはいかないものです。

そんなときは，まず，**どれかひとつのことだけにポイントをしぼります。そうすれば，それ以外のことは要求しなくても（注意しなくても）よいことになります。**

組体操には，2つのポイントがあります。
ひとつはポーズを覚えること，もうひとつは素早く動くことです。

練習では，はじめはどちらかひとつのことだけをポイントにします。子どもにもそのことに専念させ，それ以外のことは言わないようにします。

そして，ある程度それができたら，次はもうひとつのことをポイントにします。このときも同様に，それ以外のことは言わないようにするのです。

たとえば，はじめはポーズを覚えることだけをポイントにして，それ以外のことは言いません。そして，ある程度ポーズを覚えられたら，次は素早く動くことをポイントにして，それ以外のことは言わないようにするのです。

もしも，あなたがやることなすこと，かたっぱしから注意されたら，どんな気持ちになるでしょうか？　あなたも子どもも，同じ人間です。

15 答えはおとなが教えるよりも，子どもに考えさせる

年長（5歳児）クラスになると，2チームに分かれての，ルールのあるゲームをします。そのひとつに，「宝とりゲーム」があります。

「宝とりゲーム」のおもなルールは，次のとおりです。
① 2チームがそれぞれの陣地に分かれます。
② 敵の陣地の宝物を奪うことができれば勝ちです。
③ ただし，敵の陣地でタッチされると捕虜になってしまいます。

このゲームのポイントは，「どうやって敵の宝物を奪うか？」と，「どうやって味方の宝物を守るか？」，この2つです。

言い換えると，この2つのことを，子どもたちが，いかに考えるかということです。

ルール以外のことを一切教えずに子どもたちにこのゲームをやらせると，はじめのうちはなかなかうまくいきません。なぜかというと，宝物を奪うことばかり考えて，守ることを考えないからです。

だからと言って，子どもたちに，「宝物をちゃんと守らなくちゃダメじゃないか」とは言いません。どうしたら宝物を奪われないかを，子どもたちに考えさせるためです。

ゲームの回数を重ねるうちに，自然と，宝物を守る子どもが現れてきます。子ども自らで考えて工夫すれば，自然と中身の濃いゲームになります。

肝心なのは，おとなが子どもに，考えさせ，工夫させることです。

繰り返しますが，子どもたちに教えるのはルールだけです。それ以上，一切教える必要はありません。なぜならば，**子どもたちには，そこから先を考える力があるからです。**

16 わかりやすい話し方①
質問を利用する

子どもたちに何かを説明するとき，質問をうまく利用すると，よりわかりやすく，効果的に説明することができます。

例として，「中あて」という遊びを子どもたちに説明するときの様子をご紹介しましょう。「中あて」とは，地面に描いた円の中にいる子どもに，ボールを転がして当てるゲームです。

●質問その1
あれ？　どこかにまーるい大きなおうちがあるよ。どこかな？
「あそこ，あそこ～」

●質問その2
じゃあ，ぶつかったら爆発する爆弾ボールはどこにある？
「そこ，そこ～」

●質問その3
じゃあ，もしも，この爆弾ボールが，みんなのところへ転がってきたら，どうする？
「うわ～！　逃げる～！」

●質問その4
うん，そうだね。でもそのときにひとつだけ約束があるんだ。丸いお家の外には，逃げては……？
「……ダメ～」

このように**質問をしながら説明するメリットは，おとな（先生）が言い**

たいことを，子どもたちの口から言わせることができることです。

耳で聞いた人の話よりも，自分の口で言ったことの方が，忘れにくいものです。

17 わかりやすい話し方②
説明をストーリーにする

ぼくは，子どもに何かを説明するときに，ストーリーにして話すことがあります。

たとえば，鬼ごっこの説明をするときは，こんなふうに話します。

「今からね，みんなは，ネバーランドまで冒険に行くんだよ。
でもね，その途中には，ワニがいるかもしれないんだ。
大丈夫？　怖くない？

じゃあ，もしも，ワニが出てきたら，食べられないように，走って逃げちゃおう。

あっ，そうそう，それから，転んでも泣かないこと。
ワニは，泣いている子どもが大好物なんだ。
わかった？
それじゃあ，出発だ！」

このように，**ストーリーにして説明することのメリット**は次の2つです。
① 説明がわかりやすくなること。
② 子どもが集中してよく聞くこと。

子どもは，物語が大好きです。普通に話すとなかなか聞かないことでも，物語にして話すと，とてもよく聞きます。

ひとりでも多くの子どもたちに，少しでもわかりやすく話す。その方法のひとつが，ストーリーにして説明することなのです。

おいしそう…
わーん

18 わかりやすい話し方③
動きをことばにして話す

子どもにある動きを教えるときは，その動きをことばにしてあげると，子どもたちにはとてもわかりやすくなります。

たとえば，子どもたちを整列させるために「前へならえ」をさせるときに，先生が
「トントンま～え」
と言いながら，子どもたちを誘導することがあります。

子どもたちは，先生の声に合わせて，「トントン」で2回拍手をして，「ま～え」で両手を前に伸ばします。
「前へならえ」の動きが，「トントンま～え」ということばになっていることで，とてもわかりやすくなっているのです。

動きをことばにして教えることのメリットは次の3つです。
① 動きがわかりやすくなること。
② リズム感があること。
③ 子どもが動きのイメージをつかみやすいこと。

これと同じように，ちびっこ体操教室でも，からだの動きやそのリズムをことばにして教えることがあります。

なわとびを教えるときは
「1，2のぴょん。1，2のぴょん……」

スキップを教えるときは
「ぴょんこぴょんこ，ぴょんこぴょんこ……」

とび箱の助走とふみきりを教えるときは
「タタタタタ・タン」

このように動きをことばにすることで，子どもによりわかりやすく動きを伝えることができるのです。

19 わかりやすい話し方④
たったのひと言で説明する

おとな（先生）が子どもに何かを説明するときは，ほとんどの場合，ことばを並べて，文章で説明します。

でも，場合によっては，その文章をたったのひと言にしてしまうこともできます。

それでは，いきなりですが，ここで問題です。

まず，「かかしのポーズ」を思い浮かべてください。

思い浮かべましたか？

では，その「かかしのポーズ」を，子どもたちに教えるときに，どのように説明するか，その説明のしかたを考えてみてください。

思い浮かべた「かかしのポーズ」をそのままことばにすると，たぶん，こんなふうになるでしょう。

「片足を上げて，両手を横に広げてごらん」

または，

「一本足で，かかしのようになってごらん」

では次に，この説明をもっと短くして，ひと言にしてください。

ヒントは，説明しないことです。

説明するのに，説明しないなんて，何だか変ですね。

答えは，

「自分が『かかしのポーズ』をして見せながら，『マネして』，または，『これできる？』と言う」

何だか，とんちクイズのようですが，きちんと考えてばかりでは，きちんとしたことしか考えつきません。

これでも，ひと言で説明していることに変わりはないのです。

20 わかりやすい話し方⑤
絵を想像させるように話す

何かを説明するとき，話すよりも，見せる方が，何倍もわかりやすいと言われています。ということは，見せるように話すことができれば，同じようにわかりやすいことになります。

つまり，絵を想像させるように話すのです。

あるちびっこ体操教室で，準備運動をしていたときのことです。参加者は3歳の子どもたちです。

つま先を立てて足首を回す運動をするときに，ある先生がやって見せながらこう言いました。

「足首を回して」

でも，それを聞いた子どもたちは，なかなかじょうずに足首を回すことができません。

すると先生は，こんなふうに言いました。

「ドリルみたいにグリグリして」

それを聞いた子どもたちは，驚いたことに，今度は足首をじょうずに回すことできたのです。

子どもたちは，頭の中で想像した絵を，からだで表現したのです。

このように，**おとな（先生）のことばによって，子どもは頭の中に絵を描くことができます。**つまり，**絵を想像させるように話せば，よりわかりやすく説明することができるのです。**

コラム

卒園式で泣く子どもたちに怖さを感じる

幼稚園や保育園の卒園式に行くと，気になることがあります。それは，子どもたちが泣いていることです。

ぼくが子どものころの，自分の卒園式のことはあまり覚えていませんが，覚えていないくらいだから，何とも感じていなかったのだと思います。

親や先生など，おとなが泣くのは，わかります。

でも，子どもたちが泣くのは，ぼくにはわかりません。

子どもたちが泣く理由として考えられるのは，「悲しいから」「まわりの人が泣いているから」などでしょうか。

5，6歳の子どもが，痛いことで泣くとか，思いどおりにならないから（だだをこねて）泣くならわかります。

でも，悲しいから泣くというのは，やっぱりわかりません。

わからないというよりも，何だか怖いのです。

まわりが泣いているから泣く，というのも同じです。

この年齢の子どもが，まわりの空気を読み取ることができるのが，怖いのです。

今，ぼくが講師をしている専門学校では，学生が学生にとても気を使っています。気を使うことは悪いことではありませんが，学生たちは，ぼくに言わせると，あまりにも余計な気の使い方をしています。

だから，その余計な分だけ，こころとからだが疲れています。

学生たちは，敏感すぎるぐらいに敏感です。

それは，「空気が読めない」ことが，タブーとされているせいもあります。

学生たちの言うところの，「空気を読もう」とすれば，思ったことを言わず，あたりさわりなく，まわりに合わせる，ということになります。

ぼくには，どう考えても，疲れそうです。

もしも，5，6歳の子どものころから，まわりの空気に敏感に反応することを覚えてしまったら，どうなるのだろう？

その歳で，そうしなければいけないと知らず知らずのうちに覚えてしまったら，20歳ぐらいの人間でもあんなに疲れているのに，どうなるのだろう？

そう，思ってしまうのです。

知らず知らずのうちに覚えてしまったら，と，言いましたが，本当は覚えたくなくても，覚えざるを得ないのかもしれません。

そんな，覚えざるを得ない状況にしているのは，いったい誰なのでしょうか？

まわりの友達でしょうか？

先生でしょうか？

親でしょうか？

それともほかの誰かでしょうか？

ぼくは，こう思います。

そんな状況にしているのは，友達でもあり，先生でもあり，親でもあり，あなたでもあり，ぼくでもある。

だから，誰のせいでもなく，誰のせいでもあるのです。

第2章

子どものからだを動かす

21 よりよい見本を見せる

子どもたちにわかりやすく教えるために，見本を見せることがあります。

このとき，ただ見本を見せるのではなく，よりよい見本を見せることがポイントです。

運動を教えるときの目的のひとつに，上達させるということがあります。上達させるには，よりよい見本の方が効果的です。**よりよい見本を見せることで，より早く上達させることができます。**

先日，ちびっこ体操教室で，のぼり棒をやったときのことです。はじめてのぼり棒をやった子どもたちは，なかなかじょうずに登ることができませんでした。

けれども，ひとりだけじょうずな子どもがいたので，よい見本としてみんなの前でやってもらいました。

見本に選ばれた子どもは，手と足をじょうずに使って，スルスルっと，登ってしまいました。

ほかの子どもたちは，その子どもがじょうずに登っていく様子を，真剣に見ていました。

そのあと，子どもたちに何度かトライさせているうちに，ほとんどの子どもは，すぐに登れるようになりました。

何かを説明するとき，耳で聞かせるより，目で見せる方が，何倍もわかりやすいと言われています。

そして，同じ見せるでも，よりよい見本を見せることが，上達への近道になります。

22 運動会の練習をじょうずに進める方法

子どもがおとなの前で発表することと言えば，運動会やお遊戯会があります。その練習をよりじょうずに進めていくためには，どうしたらよいでしょうか？

それは，**早めに内容を決定することです。**

ちなみに，**ぼくが考える早めにとは，1年から半年前まででです。**

あたりまえのことかもしれませんが，そのあたりまえのことがなかなかできないことが多いようです。

内容を早めに決定するということは，その分だけ，練習期間を長くすることができる，ということです。

たとえば，日記を1日1ページつけていれば，3カ月で90ページ，半年で180ページになります。同じ180ページを1カ月で書くのと，半年で書くのでは，どちらが楽にできるのかは，言うまでもありません。

発表の練習もこれと同じです。

けれども，日記をつけることは，つける人個人の問題ですが，子どもたちが発表することは，子どもたちの問題になる，ということを考えなければいけません。

運動会で発表する内容も，最低でも半年前に，だいたいのことを決めておけば，それに合わせて，少しずつ，練習を積み重ねていくことができます。しかも，余裕を持って練習することができます。

でも，それが2カ月前や1カ月前ともなれば，練習期間が短くなる分，猛練習にならざるを得ません。猛練習と聞けば聞こえはよいですが，単におとな（先生）に計画性がなかった結果とも考えられます。

わかっているけど，忙しくてなかなかできない。

日記のような自分のことであれば，それでも構わないかもしれません。

でも，運動会の練習の場合，**最後にツケが回ってくるのは子どもたちになる**ということは，忘れないようにしたいものです。

23 何も使わずに，子どもたちをじょうずに円形に並ばせる方法

子どもたちにからだを使った遊びを教えるときに，その遊びに応じて，いろいろな隊形をつくることがあります。

1列に並んだり，2列に並んだり，バラバラに広がったり，円形になったり，隊形はさまざまです。

ぼくがまだ，体操講師として新人だったころのことです。

子どもたちを丸く並ばせようとしたのですが，なかなかうまく並ばせることができませんでした。

すると，それを見ていた幼稚園のベテランの先生が，あとで，こう教えてくれました。

「手をつながせてごらんなさい」

実際，次の機会に子どもたちに手をつながせてみると，驚くほどじょうずに丸く並ぶことができたのでした。

さらに，次のようにすると，より確実にきれいな円形をつくることができます。

① 適度に輪を広げさせる。

② つないでいる手を，あまり引っ張りすぎないようにさせる。

③ 円の形ができたら，すぐに座らせる。

座らせてしまうことで，完成した円の形を固定してしまうことができます。

もし，修正したい部分があれば，その部分だけを，おとな（先生）が修正してあげればよいでしょう。

このように，手をつながせることで，子どもたちをじょうずに円形に並ばせることができるのです。

24 園外散歩で年少クラスをスピードアップして歩かせる方法

ある幼稚園で，子どもたちが園外散歩をしていました。

目的地の公園までは，子どもの足で30分ほどです。

年少（3歳児），年中（4歳児），年長（5歳児），それぞれのクラスに分かれて，目的地まで歩いていました。

ところが，年少クラスだけが，どんどん先頭から遅れていきます。一番年下の年少クラスが，一番年上の年長クラスといっしょに歩くことは，とても大変なことなのです。

そこで先生たちは，年少クラスの子どもたちがもっと速く歩けるように，あることを考えました。

そして，それをすることで，年少クラスは見事にスピードアップしたのです。

さて，年少クラスの子どもたちをスピードアップして歩かせることができた，そのあることとは，いったい何でしょう？

ヒントは，「年長クラス」です。

もうおわかりですね。

あることとは，**年少クラスの子どもたちに，年長クラスの子どもたちと手をつながせる**ことでした。

これによって，年少クラスの帰り道の時間を，行きにくらべて大幅に短縮することができたのでした。

年長クラスだけのことを考えれば，多少のスピードダウンになってしまうかもしれません。でも，全体としては，確実にスピードアップにつながります。

25 走りたがる子どもを走らせない方法

子どもたちは，走ることが大好きです。でも，廊下や部屋の中など，場所によっては走ってはいけないところがあります。

では，走ってはいけないとき（走ると危ないとき）に，急いで，走りたがる子どもを，走らせない方法はないでしょうか？

あるちびっこスイミングスクールで，子どもたちが泳ぎの練習をしていました。練習のしかたは，次のとおりです。

① 端から端まで泳ぐ。
② 端まで泳いだら，プールからあがる。
③ プールサイドを歩いて，もとの場所に戻る。

先生は，プールサイドを歩くように言いましたが，急いで戻ろうとする子どもたちは，プールサイドを歩こうとはしません。

それを見た先生は，子どもたちに，何かを指示しました。
すると驚いたことに，子どもたちは，その指示で，プールサイドを歩いて戻るようになったのです。

さて，ここで問題です。その先生は，いったいどんな指示をしたのでしょうか？

ヒントその１　その指示を守ろうとすると，とても走りづらいです。
ヒントその２　その指示を守ろうとすると，走ることへの意識がうすれます。
ヒントその３　あなたは，どんなときに指を折りますか？

そうです。

その先生は，子どもたちに，**「戻るまでの歩数」を指示した**のです。

歩数を指示することで，子どもたちは，あらかじめ決められた歩数で行こうとするので，自然と走らなくなったのでした。

また，先日ある保育園の先生は，子どもたちに，廊下の歩き方をこんなふうに言っていました。

「忍者のように，そ～っとね」

走らないことを教えるにも，いろいろな教え方があるものですね。

26 ゲーム・遊び①
スカベンチャーハントで身近な自然を発見させよう

スカベンチャーハントという屋外ゲームがあります。

スカベンチャーハントとは，一口に言うと，**指示されたものを時間内に集めてくるゲーム**です。
おもに広い屋外で行うゲームですが，保育園や幼稚園の園庭でも，充分に楽しむことができます。

たとえばこんなふうに，子どもたちに言います。
「今から，みんなに，外で集めてきてほしいものがあります」

そう言って，集めるものを指定します。

「これと同じ形の葉っぱを探してきてね」
「これと同じ葉っぱを10枚探してきてね」

「まっすぐな木の枝を探してきてね」
「アルファベットのYの形をした木の枝を探してきてね」

「丸い形の石を探してきてね」
「三角おにぎりの形の石を探してきてね」

葉っぱや，木の枝や，石ころなど，園庭に落ちているものであれば，何でも構いません。
また，集めるものの種類や数を指定することもできます。

スカベンチャーハントをすることで，子どもたちに普段はあまり気にしない，身近な自然を発見させてみませんか？

27 ゲーム・遊び②
手軽に何度でも楽しめるインスタント・ウォークラリー

ウォークラリーというゲームをご存知ですか？

ウォークラリーとは，簡単に言うと，**屋外であらかじめ決められているポイントを探して，見つけると点がもらえ，その点数を競うゲーム**です。

このウォークラリーを，少しアレンジするだけで，遠足や園外散歩のときはもちろん，幼稚園や保育園の園庭でも手軽に楽しむことができるようになります。

ここでは，子どもたちがウォークラリーを簡単に楽しむことができるアレンジのしかたを，3種類ご紹介しましょう。

① あらかじめ，ポイントになるもの（画用紙に描いた動物，食べ物，アニメのキャラクターなど）をいろいろな場所に隠しておき，時間を決めて，できるだけたくさん，子どもたちに探させる。

② ①の方法に加えて，あらかじめ，隠されている絵がすべて描かれている画用紙を子どもたちに配っておき，見つけたものにはクレヨンで印をつけるようにさせる。
（このように，解答用紙を持たせることで，ゲームを子どもたちにとってよりわかりやすく，より楽しくすることができます。）

③ 子どもたちが字が読めるなら，画用紙にクイズ（○×問題だとわかりやすい）を書いて，いろいろな場所に隠しておく。子どもたちには，

解答用紙を持たせて，問題を探させ，見つけたら解答用紙に解答を記入するようにさせる。

①と②の方法なら，隠し場所を変えれば，何回でも遊ぶことができます。このようにして実際に遊んでいる幼稚園もあります。

手軽に何度でも楽しめるインスタント・ウォークラリー，一度お試しあれ。

28 ゲーム・遊び③
サーキット遊びで いろいろな運動をたくさんさせよう

いくつかの種目を続けて行うことをサーキットと呼びます。

たとえば,
① ジャングルジムをのぼって,
② 鉄棒で前回りをして,
③ すべり台をすべる。
この①～③を繰り返します。

このように，**複数の遊び（運動）を繰り返し行うのがサーキット遊び**です。

このサーキット遊びのよいところのひとつは，**続けて長い時間運動ができる**ことです。

子どもは，加減を知らないので，「走れ」と言われれば，全力で走ります。全力で走れば，すぐに疲れてしまうので，長い時間続けることができません。時間が短くなる分だけ，運動量もさほど多くありません。

それと，もうひとつよいところは，**からだのいろいろな機能を使うことができる**ことです。

ジャングルジムを使えば，のぼったり，おりたりします。
鉄棒を使えば，跳びついたり，回転したりします。
すべり台を使えば，のぼったり，すべりおりたりします。

これらを一連の運動として行うとなると，必然的にいろいろなからだの使い方が要求されます。いろいろなからだの使い方をすることは，子どものからだの発育，発達につながります。

どうぞ，ほかにもいろいろな，複数の遊び（運動）をつなげて，オリジナルのサーキット遊びをつくってみてください。

29 ゲーム・遊び④
部屋の中でも思いっきりからだを動かせる遊び

雨の日は，外で遊ぶことができません。でも，子どもたちには，思いっきりからだを動かして遊ばせてあげたい。

「部屋の中でも，思いっきりからだを動かせる遊びがあったらいいのに」そんなふうに思うことはありませんか？

実は，そんな遊びがあるんです。それは，**鬼ごっこ**です。

鬼ごっこと言っても，走り回るような鬼ごっこではありません。普通の鬼ごっこに，ある条件をつけます。
その条件をつけるだけで，子どもは走らなくても，思いっきりからだを動かすことができてしまうんです。

そんな条件とは……

それは，**座ったままの状態（お尻を床につけたままの状態）で行う**，という条件です。

やってみるとわかりますが，お尻を床につけたまま動こうとすると，下半身だけでなく，からだ全体を使わなければなりません。
また，からだ全体を動かすので，運動量も豊富になります。
さらに，動くスピードが制限されるので，衝突するリスクもぐっと低くなります。

　このように，鬼ごっこに，ある条件をつけることによって，部屋の中でも，思いきりからだを動かせる遊びになるのです。

30 ゲーム・遊び⑤
なわとびを使ってできる，素早い判断力を養うゲーム

なわとびを使ってできる，素早い判断力を養うゲームがあります。素早い判断力とは，「見て，考えて，動く」ということです。

それは，「**しっぽとり**」というゲームです。

「しっぽとり」とは，なわとびを跳ぶのではなく，なわとびをしっぽのようにおしりにつけてする，鬼ごっこのようなゲームです。

このゲームのよいところは，自分のしっぽをとられないように，相手のしっぽをとることです。つまり，（自分のしっぽを）とられないことと，（相手のしっぽを）とること，この2つのことを，同時にすることです。

「しっぽとり」のルールは，次のとおりです。
（あらかじめ，それぞれがなわのはしをズボンやスカートに入れて，しっぽをつくっておきます。）

① 自分のしっぽをとられないように，相手のしっぽをとります。
② しっぽをとられたら，つけ直してゲームを続けます。
（こうすると，トライする機会を増やすことができる）
③ 自分のしっぽは，手で持たないこととします。
（こうしないと，つなひきのようになってしまい，本来のねらいが達成されにくい）

「しっぽとり」は，子ども10〜30人ぐらいで行いますが，人数を多くすればするほど，難しくなります。

このゲームをする前に，おとな（先生）が鬼になって，子どものしっぽをとるゲームをしておくと，子どもにゲームを理解させるのに効果的です。このやり方だと，子どもはしっぽをとられないように逃げることだけをすればよいので，より簡単にすることができます。

31 鬼ごっこ①
2，3歳の子どもでも じょうずにできる鬼ごっこのやり方

ある保育園の年少（3歳児）クラスの担任の先生から，こんな質問をされたことがあります。

「うちの子どもたちは，鬼ごっこがじょうずにできないんです。どうしたら，じょうずに鬼ごっこをさせることができるでしょうか？」

その先生によると，子どもたちが鬼ごっこをじょうずにできないのは，「すぐにケンカになってしまう」からだそうです。

さあ，2，3歳の子どもたちにじょうずに鬼ごっこをさせるには，どうしたらよいでしょうか？　いっしょに考えてみましょう。

まず，「ケンカになってしまう」ということは，ルールを理解していない（または，まだルールを理解できない）ということです。

それは，逃げることと，追いかけること，この2つのことがわかっていないということです。

鬼ごっこをするには，この2つのことを理解する必要があります。

でも，2つのことを同時に理解するのは，2，3歳の子どもにとって，容易なことではありません。

そこで，ヒントです。

2つのことを，ひとつだけにしてしまいましょう。

それは，**追いかけることをなくして，逃げることだけにすることです。**

(逃げることのほうをなくすと，追いかけることだけになるので，鬼がたくさんいることになってしまいます。)

それでは，誰が追いかけるのでしょう？
そうです。おとな（先生）です。**おとなが鬼をすれば，子どもは逃げるだけになります。**

そして，子どもたちが鬼ごっこに慣れてきたら，鬼を子どもに交代します。

このように，おとなが介入し，鬼になってあげることで，鬼ごっこを簡単にすることができます。簡単にすることができれば，2，3歳の子どもでもじょうずにできるようになるのです。

32 鬼ごっこ②
子どもの年齢と能力に合わせて鬼ごっこのやり方を変える

鬼ごっこという遊びは，簡単にしたり，難しくしたりすることができます。

遊ぶ子どもの年齢に合わせて，やり方を簡単にしたり，難しくしたりすることで，たとえ2歳児であっても，または5歳児であっても，鬼ごっこを楽しむことができるようになります。

では，鬼ごっこのいろいろなやり方について考えてみましょう。

① おとな（先生）が鬼になって，子どもが逃げる。
② 子どもが鬼になって，おとな（先生）が逃げる。
③ 子どもが鬼になって，子どもが逃げる（おとなは介入しない）。
④ 鬼にタッチされた人は，鬼を交代する。
⑤ ルールを複雑にする（色鬼，高鬼，氷鬼など）。

基本的に，レベルの低い方から順に並べました。ただし，レベルが高いことができるのがよいのではなく，対象者に合ったレベルを見極めることが大切です。

ぼくの経験では，①②は2，3歳レベル，③④は3，4歳レベル，⑤は4，5歳レベルです。けれども，これはあくまでも目安です。**目の前の子どもたちの年齢と能力に見合ったものを選ぶことが大切です。**

基本は，簡単なことから順を追って教えることです。

あせらずに，ゆっくりと，子どもに合わせてていねいに。

33 鬼ごっこ③ 氷鬼をもっと楽しくするほんのひと工夫

氷鬼という鬼ごっこがあります。ルールは次のとおりです。

① 鬼をひとり決めます。

② そのほかの人は，鬼に捕まらない（タッチされない）ように逃げます。

③ 鬼にタッチされた人は，動くことができなくなります（氷になる）。

④ 仲間（鬼以外の人）にタッチしてもらうと，また，動くことができるようになります。

このルールでも充分に楽しめるのですが，ゲーム中のポイントがみんなによりわかりやすくなるように，ルールを少しアレンジします。

③をアレンジして：鬼にタッチされた人は，次のようなポーズをとって，そのまま動けなくなります。
ポーズ：足を肩幅に広げて，両手を胸の前で合わせる

④をアレンジして：仲間に脚の間をくぐってもらうと，また，動くことができるようになります。

アレンジしたところは，**タッチされたらポーズをとるようにした**ことと，**脚の間をくぐって助けるようにした**こと，この2つです。

こうすることで，動けなくなっている仲間と，その仲間を助ける動きが，とてもわかりやすくなります。わかりやすくなると，ごまかしがきかなくなります。

ごまかすとは，「動けなくなっている人が，仲間にタッチされて（助けられて）いないのに，逃げてしまう」ということです。

もしもごまかしが多くなれば，自然と，そのゲームはおもしろくなくなります。

だから，**ゲームのルールをよりわかりやすいものにするということは，みんながそのゲームをより楽しむことにつながる**のです。

34 かけっこ①
かけっこのじょうずな教え方

ある保育園で，子どもたちがかけっこをしていました。

「ヨーイドンッ！」

おとな（先生）の合図でスタートし，10メートルぐらい先にある木を回って戻ってきます。

「○○ちゃん一番！」

でも，よく見てみると，子どもたちはじょうずに木のまわりを回ることができていません。必要以上に大きくふくらんで回ってしまうのです。

それには理由があります。

5歳ぐらいまでの子どもは，小回りがうまくできません。そのため，木のような細いものをうまく回ることができないのです。

したがって，もしもこのようなやり方でかけっこをさせるのならば，**「木を回って戻る」のではなく，「木にタッチして戻る」ようにする**ことで，子どもにとっては簡単になります。

子どもにとって簡単になるように考えることが，じょうずな教え方につながります。

35 かけっこ②
かけっこのやり方を何通りにも増やす方法

かけっこというと，「ヨーイドン」の合図でスタートして，ゴールまで一直線に走っているところを思い浮かべます。

そのかけっこが，あることをするだけで，何通りにものかけっこになってしまうのです。あきっぽい子どもにももってこいです。

そのあることとは……

それは，**かけっこのやり方を，指定したものにタッチさせて，もとの場所に戻ってくる早さを競うようにする**ことです。

このかけっこのメリットは次の2つです。

① 指定するものを変えることで，コースを変えることができる。

② 指定するものを変えることで，距離を短くしたり，長くしたりすることができる。

説明のしかたも簡単です。

「あのベンチをタッチして戻っておいで」「あの木をタッチして戻っておいで」「ベンチと木をタッチして戻っておいで」など，たったのこれだけです。

このように，**指定するものを変えるだけで，走るコースや距離を自由自在に変えることができ，いろいろなかけっこをつくることができます。**

どうぞ，オリジナルのかけっこをつくってみてください。

コラム

子どもに「テレビのマネをすること」より「おとなの言うこと」が選ばれるように

2004年6月，埼玉県蕨市で，中学2年生の女子生徒が飛び降り自殺をしました。自殺した理由は，同じ部活動の部員たちとの遊びの罰ゲームで，男子生徒に告白することを強要されたことなどとされています。

まず，罰ゲームって，どんなイメージでしょうか？

自分がするのはいやだけど，他人のそれを見るのは楽しい。

そこまでは思わなくても，テレビで，誰かが罰ゲームをさせられているのを見て，ついつい笑ってしまう。

そんなことはないでしょうか？

さあ，ここから，ゆっくりと考えていきましょう。

テレビで罰ゲームをさせる（させられる）のは，ほとんどタレントです。

タレントは，テレビに出演することを仕事のひとつとしています。

仕事とは，収入を得る手段として行うことです。

仮に，あなたがタレントだったとします。

あなたは，テレビ局から仕事をもらいます。

テレビ局はおもしろいタレントに仕事を頼みたいと思っています。なぜならば，視聴率を上げたいからです。視聴率を上げることが，会社の利益につながるからです。

さて，視聴率を上げるためには，見ている人がおもしろいと思うことをしなければなりません。その，見ている人がおもしろいと思うことのひとつに，先ほど出てきた罰ゲームがあるとします。

タレントのあなたは，テレビに出演することが仕事でしたね。仕事をしなければ収入を得ることができません。
その仕事のひとつに罰ゲームがあったとしたら，あなたはどうしますか？

自分がするのはいやだけど，他人のそれを見るのは楽しい。
そんな罰ゲームです。でも，仕事です。
繰り返しますが，仕事をしなければ，収入を得ることができません。収入が得られないと，家のローンや子どもの養育費を払うことができません。

自分がするのはいやだけど，他人のそれを見るのは楽しい。
そんな罰ゲームでも，「仕事だから，やらざるを得ない」と考える人もいるかもしれません。

もしも，タレントが「仕事だから」罰ゲームをしているとしたら，それと同じことを，視聴者（子ども）が，仕事でないのにしたら，どうなるでしょうか？

自分がするのはいやだけど，他人のそれを見るのは楽しい。
そんな罰ゲームを，仕事でするのではなく，本当にしたら，それもおとなではなく，子どもがしたら？　いったい，どうなるのでしょう？

よく，おとなは子どもに，「テレビのマネをしてはいけない」と言います。
でも，「テレビのマネをすること」と「おとなの言うこと」のどちらを選ぶかを決めるのは，子どもです。子どもがテレビのマネをするということは，テレビを選んでいるということです。

だったら，おとなが選ばれるように，おとなの言うこと（考えること）が選ばれるように，もっとおとなが頑張ればいいのではないでしょうか？

36 なわとび①
子どもが簡単にできるなわとびの跳び方

4，5歳の子どもに，はじめてなわとびを跳ばせると，前に前に移動してしまうことがあります。

それはなぜかというと，なわを跳ぶときに，前にジャンプしてしまうからです。だから，その場で跳ぼうとしても，前に移動してしまうのです。

子どもたちにとって，その場で，両足同時に，なわを跳ぶことは，容易ではないということです。

でも，よくよく考えてみると，まずは，どんなやり方でも，なわを跳ぶことができればよいのであって，はじめから，その場でじょうずに跳ぶ必要はまったくありません。

だとしたら，こう考えることもできます。**はじめから，前に移動しながら跳ぶように教えてあげる。**

前に移動しながら跳ぶ。
どういうことかというと，走りながら跳ぶのです。
かけ足跳びです。
こうすることで，自然になわを跳ぶことを覚えることができます。

子どもたちの中には，その場で（前に移動せずに）両足同時に跳ぶことは苦手でも，かけ足跳びならできる，という子どももいます。子どもたちにとっては，その場で跳ぶことよりも，かけ足跳びの方が簡単にできるのです。

ぴょん
ぴょん

37 なわとび②
限られた時間で子どもに大なわをたくさん跳ばせる方法

運動や遊びの上達をうながすコツのひとつは，たくさんトライさせることです。大なわも同じことで，できるだけたくさんの回数なわを跳ばせることが上達につながります。
でも，人数が多ければ多いほど，時間はかかってしまいます。

たとえば，おとな（先生）が大なわを回してあげると，ひとりの子どもが跳んでいる間，ほかの子どもは待っていることになります。人数が多くなればなるほど，その待ち時間は長くなります。
ちびっこ体操教室の時間は限られています。その限られた時間で，できるだけ多くの子どもたちに，たくさん大なわを跳ばせてあげるには，どうすればよいでしょうか？

そのヒントを，子どもたちが大なわで遊んでいるときに見つけました。その子どもたちは3人で，ひとりが跳んで，あとの2人が大なわを回していました。

そもそも，なぜ時間がかかるかというと，（おとなが大なわを回しているので）跳ぶ場所が1箇所しかないからです。
だったら，跳ぶ場所をもっと増やせばよいことになります。
つまり，**おとながなわを回すのではなく，子どもに回させる**のです。

具体的には，次のようなやり方をしました。
① 子ども3人一組をつくる。
② 2人がなわ（大なわでなく普通のなわとび）を回して，あとのひと

りが跳ぶ。
③ 跳ぶ人を交代して，同じことを繰り返す。

つまり，30人のクラスだと，3人一組が10箇所で同時になわを跳ぶことになります。こうすることで，跳ぶ機会を増やすことができます。

38 球技①
子どもにサッカーをわかりやすく教える方法

年中（4歳児）クラスになると，ルールのあるゲームをすることができるようになります。

そこで，ボールを使ったルールのある簡単なゲームとして，サッカーをやらせることがあります。

なぜ，ドッチボールではなくサッカーなのかというと，サッカーの方が，ドッチボールよりも覚えることが少ないのです。覚えることが少ない分，簡単にできるというわけです。

サッカーをするときに，子どもが覚えることは，次の3つです

① 敵のゴールに向かってボールを蹴ること。

② 敵のゴールにボールを入れたら得点となること。

③ 手を使うことはできないこと。

要するに，ボールを蹴る方向さえ覚えさせればできます。

さて，そのサッカーを，子どもたちにわかりやすく教えるには，どうしたらよいでしょうか？

ヒントは，やっている人にも，見ている人にも，よりわかりやすくすることです。わかりましたか？

それは，**少人数でゲームをさせる**ことです。

はじめは，子どもひとり対子どもひとりです（ゴールキーパーなしで，ゴールだけ設置する）。

このようにすることには，次のようなメリットがあります。

① 見て，考えて，動く機会が増えるので，より早くルールを理解することができる。

② 待っている子どもは，プレイしている子どもを見ることで，自然にルールを覚えることができる。

サッカーのルールが理解できたら，2人対2人，3人対3人と，徐々に人数を増やしていきましょう。

39 球技②
子どもにサッカーを早く上達させる方法

子どもにサッカーをわかりやすく教えるには，少人数でゲームをさせることだと言いました。
では，そのサッカーを，早く上達させるには，どうしたらよいでしょうか？

小さな子ども（4，5歳児ぐらい）は，なかなか，じょうずにボールを蹴ることができません。一度ボールを蹴ると，そのボールは遠くへ転がってしまいます。そのボールを追いかけて，やっと追いついたと思ったら，また同じことの繰り返しです。転がるボールを追いかけてばかりで，とても試合をするどころではありません。

見方を変えると，ボールがあまり転がらなければ，追いかけるのが減る，ということになります。
ヒントは，そこです。ボールをあまり転がらないようにすることです。

答えは，**ボールの空気を半分抜く**ことです。
空気の抜けたボールは，蹴っても転がりません。
転がらないので，何度もボールを蹴る必要があります。
だから，自然とボールを蹴る回数が増えることになります。
たくさんボールを蹴れば，その分だけ上達も早くなります。

ちなみに，ぼくがはじめてサッカーをする子どもに教えるときは，空気を全部抜いてしまいます。そうすると，ボールはほとんど転がらなくなり，蹴り続けなければなりませんから，自然とドリブルしているようになります。

小さい子どもにサッカーを上達させるためには，まず，たくさんボールをさわる（蹴る）ことが大切です。だったら，おとなが，たくさん蹴らせてあげるようにすればよいのです。

40 球技③
ドッチボールがおもしろくなるコートのつくり方

はじめに，ドッチボールのルールを簡単に確認しましょう。
① 2チームに分かれます（それぞれの陣地に入る）。
② 敵にボールをぶつけます。
③ ボールをぶつけられたら，陣地の外に出ます。
④ より多くボールをぶつけたチームが勝ちです。

さて，ドッチボールをするときはコートが必要です。
実は，そのコートのつくり方によって，ドッチボールがおもしろくなったり，おもしろくなくなったりするのです。

じょうずなドッチボールのコートのつくりかたのポイントは，ひとつです。
コートの大きさを，子どもがボールを投げて，直接（バウンドせずに）相手のところまで届く距離を目安に決めることです。

ドッチボールは，ボールを敵にぶつけることでゲームが展開します。また，敵にボールをぶつけることが，このゲームのおもしろさでもあります。
ですから，コートの大きさを，子どもがボールを投げて直接敵にぶつけられるようにすると，ドッチボールはおもしろくなるのです。

反対に，コートが大きすぎてしまうと，ボールが敵のところまで届かなかったり，敵に命中しにくかったりします。すると，せっかくのドッチボールのおもしろさが半減してしまうのです。

これまでぼくが見た限りでは，コートを大きくつくりすぎてしまうことが多いようです。子どもたちの様子を見て，考えて，コートの大きさを決めてあげてください。

41 球技④
ドッチボールをする前にやっておくとよい遊び

子どもたちはボールを使った遊びが大好きです。特に男の子は，４，５歳になると，サッカーやドッチボールなど，ルールのあるボール遊びに強い興味を示すようになります。

さて，そのドッチボールをする前に，子どもたちに教えておくとよい遊びがあります。それは，「**中あて**」という遊びです。

「中あて」のおもなルールは，次のとおりです。
（あらかじめ，地面や床に円を描いておきます。）
① 鬼を数人決めて，円の外に立たせます。
② ほかの人は円の中に入ります。
③ 鬼はボールを投げたり転がしたりして，円の中の人にぶつけます。
④ 円の中の人は，ボールにぶつからないように逃げます。
⑤ ボールにあたったら，円の外に出て鬼を交代します。

また，このゲームをすることのメリットは，次のとおりです。
① ルールが，ドッチボールに似ていて，しかもより簡単でわかりやすいので，ドッチボールのルールを理解するための準備になること。
② ボールを狙って投げることを覚えること。
③ ボールをよけることを覚えること。
④ ボールにぶつかったら外に出ることを覚えること。

ドッチボールには，複数のルールがあります。特にアウトとセーフの区別は，はじめてドッチボールをする子どもにはわかりづらいものです。

いきなりすべてのことを一度に教えようとしても，なかなか覚えられない子どももいます。そんな子どもが増えると，ドッチボールはできません。

そうならないためにも，段階を追って，ひとつひとつていねいに教えてあげたいものです。

42 器械体操①

子どもにでんぐり返しをじょうずに教える方法

マットを使ってする運動というと，すぐに思い浮かぶのがでんぐり返し（前転）です。

でんぐり返しのやり方は，次のとおりです。
① 足を肩幅に広げて立つ。
② 手を足の前につく。
③ 前方へ1回転する。

では，ここでひとつ問題です。
太郎くんは，でんぐり返しをするときに，どうしてもまっすぐに回転することができず，斜めに曲がってしまいます。
さて，そんな太郎くんを，まっすぐ回転できるようにするためには，どんなことばをかけてあげたらよいでしょうか？

ここでは，答えを知るよりも，答えを考える練習をしてみましょう。

では，まず，第1ヒント。
じょうずに回転できない原因は，何でしょう？

そして，第2ヒント。
その原因を解消するためには，どうさせたらよいでしょう？

最後に，第3ヒント。
そうさせるためには，どんなことばをかけたらよいでしょう？

まず，第1ヒントの「じょうずに回転できない原因」は，頭がじゃまになっていることが考えられます。

すると，第2ヒントの「どうさせたらよいか」は，じゃまな頭を中に入れさせることになります。

最後は，第3ヒントの「どんなことばをかけたらよいか」です。頭を中に入れさせることばです。子どもが自然と頭を中に入れるようなことばを考えてみましょう。

そのことばは，「**おへそを見て**」です。

子どもにでんぐり返しをじょうずに教えるコツは，**できない原因は何かを明らかにし，その原因を解消するにはどうさせたらよいかを考えたあと，子どもが自然とそうするようなことばを選ぶ**ことです。

43 器械体操②
とび箱を使わずにとび箱の練習をする方法

運動会の発表で，とび箱を跳ぶことがあります。

そのとび箱の練習をするときは，とび箱だけを使うわけではありません。ほかにも，マット，ふみきり板が必要になります。

これらを用意することが，おとな（先生）にとって，ひと苦労だったりします。

そこで，ぼくは，とび箱を使わずに，とび箱の練習ができる方法を考えてみました。それは，どんな方法でしょうか？

ヒントは，とび箱を跳ぶように跳べるものを使うことです。

答えは，**ダンボール箱をとび箱の代わりに使う**ことです。

ダンボール箱を使うことのメリットは，次の2つです。

①軽いので，持ち運びが簡単。

②箱の数を増やすことで，跳ぶ回数を増やすことができる。

ダンボールの大きさは，子どもの腰ぐらいの高さを目安にします。それよりも低いものや高いものがあれば，より細かく子どもの身長や運動能力に合わせた練習をすることができます。

つくり方は，簡単です。ダンボール箱を補強するために，箱の中に新聞紙を硬く丸めたものを隙間のないように詰めて入れます。たったのそれだけです。

とび箱の導入として，あらかじめ，このダンボール箱をたくさん跳ばせておけば，いざ本物を跳ぶとき，よりスムーズに展開することができます。

ここでは，とび箱の代わりにダンボール箱を使うことをご紹介しましたが，ダンボール箱のほかにも，とび箱の代わりになるものはたくさんあります。要するに，とび箱のように跳び越すことができるものであれば，何でも構わないのです。

ただし，けがのないよう，必ずおとな（先生）がそばで補助をしてあげてください。

44 器械体操③
鉄棒の前まわりをじょうずに教える方法

3，4歳ぐらいになると，鉄棒にぶら下がったり，跳びついたり，回ったりして遊ぶことができるようになります。

鉄棒に跳びついて前に回るのが，前まわりです。
では，前まわりをじょうずに教える方法を考えてみましょう。

前まわりをじょうずに教えるには，次の2つのステップに分けます。
第1ステップは，跳びつく。
第2ステップは，回転する。
この2つがひとつになって，前まわりが完成します。

まずは第1ステップから。
第1ステップは，回転させずに，鉄棒に跳びつくこと（だけ）をさせます。
跳びついたら，ひじを伸ばしてからだを支えます。
これを，そのかっこうから，「つばめ」と呼んでいます。

つばめができたら，次は第2ステップです。
つばめの状態から，おじぎをするようにして，前へ1回転します。

何も教えなくても，できてしまう子どももいます。
でも，もう少しでできそうな子どもや，怖がる子どもや，鉄棒が苦手な子どももいます。

そんな子どもたちのために，ひとりひとりの子どもに合わせて，ひとつずつ，ゆっくりと，ていねいに，教えてあげてください。

ひとつずつ，ゆっくりと，ていねいに教えるということは，全体をいくつかのステップに分けて，ひとつずつを時間をかけて修得できるようにしてあげるということです。

45 器械体操④
平均台を怖がる子どもには目線を意識させる

平均台の上を歩くことが怖いと思う子どもは，怖い分だけ，どうしても下（足もと）を見て歩こうとします。

下を見て歩こうとすると，姿勢が悪くなります。

姿勢が悪くなると，余計にまっすぐに歩くことが難しくなります。

そんなときは，**子どもに目線を意識させます。**

すなわち，**子どもが自然と前を見るようなことばを考えて，言ってあげるのです。**

たとえば，おとなが前に立って「こっちを見て」と言ったり，前にある目標物を指示して「○○を見て」と言ったりします。

平均台を怖がる子どもに，いくら「下を向かないで」と言っても，怖いので下を向いてしまいます。

また，ただ「前を向いて」と言うよりも，「○○を見て」と言ってあげた方が，より具体的でわかりやすくなります。

この場合のねらいは，下を向かないこと（前を向かせること）です。ですから，**下を向かないようになれば，どんな方法でも構わない**ということです。

このことを頭に置いて，子どもが少しでも自然にそうできるような，より効果的なことばを選ぶことが，子どもたちがじょうずに平均台の上を歩けるようになることにつながります。

46 器械体操⑤
平均台を怖がる子どもの手は握らない

平均台の上を歩くことを怖がる子どもは，まるで助けを求めるように手を差し出します。

子どもが手を差し出すと，近くにいるおとなは，思わず手をつかんで手伝ってあげたくなります。

でも，そんなときは，**子どもの手を握らないで，ひじをつかんであげるようにします。**

人間は，恐怖を感じると，からだに余計な力が入ります。

からだに余計な力が入ると，その分だけからだが硬くなります。

からだが硬くなると，スムーズに動かすことができません。

怖い→力が入る→からだが硬くなる→動けない，ということです。

そんなときに手を握ると，さらに余計にからだに力が入ります。

試しにゲンコツをつくってみてください。

腕に力が入るのがわかりますね。

からだが硬くなっているところに，余計な力が加われば，からだはさらに硬くなります。

からだがさらに硬くなれば，からだの動きはさらに悪くなります。

したがって，子どもが平均台の上を歩くことを怖がるときは，手を握らずに，ひじをつかんであげます。

または，両手で腰のあたりをつかんであげましょう。

そうすることが，子どもに余計な力を入れさせせることなく，子どものからだを支え、恐怖心を小さくすることにつながります。

平均台を怖がる子どもには，からだに余計な力が入らないようにしてあげることが，上達への近道です。

47 安全管理①
危ないからやらせないことが，もっと危ないことにつながる

以前，ある幼稚園で，「鬼ごっこは危ないから，子どもにはやらせない」という話を聞いたことがあります。鬼ごっこをすると，ぶつかったり，転んだりする危険があるからだそうです。

確かに，鬼ごっこをしなければ，けがは防げるかもしれません。
ただし，それで防げるのは，鬼ごっこをするときにする（かもしれない）けがだけです。

鬼ごっこをすることには，転ぶ，ぶつかる，という2つの危険があります。
でも，もしも転んだら，また起き上がればよいのです。
もしもぶつかりたくないなら，よければよいのです。

鬼ごっこをさせなければ，転びません。
転ばなければ，起き上がる必要はありません。
鬼ごっこをさせなければ，ぶつかりません。
ぶつからないなら，よける必要はありません。

鬼ごっこをさせたら，転ぶかもしれません。
転んだら，起き上がる必要があります。
鬼ごっこをさせたら，ぶつかるかもしれません。
ぶつかりたくないなら，よける必要があります。

転ばせないことと，転んだら起き上がることを教えること。

ぶつからせないことと，ぶつからないようによけることを教えること。子どものためにどちらを選ぶかは，おとなの決めることです。

ただ，**危ないからやらせないことが，もっと危ないことにつながる**ということを，考えてみてほしいのです。

48 安全管理②
園外散歩をするときに子どもを危険から守る方法

平成18年9月，埼玉県川口市で，園児らの列に乗用車が突っ込むというショッキングな事故が起きました。

では，子どもたちを，そんな事故の危険から守る方法はないものでしょうか？

ぼくたちには，心のどこかで，「自分だけは大丈夫だろう」と安心しているところがあります。
でも，**100%の安全の保証はどこにもありません。**まず，それを理解することです。

その上で，少しでも危険を減らす方法を考えて，安全を限りなく100%に近づけることを考えてみてはいかがでしょうか？

園外散歩をするときの危険を減らす方法は，次の2点です。

① まっすぐに並ばせる。
誰かひとりでもはみ出して歩いていれば，その子どもが車や自転車に接触する可能性は必然的に高くなります。大きくはみ出すほど，さらに危険は増していきます。
子どもをまっすぐに並ばせることは，おのずと，子どもの安全につながります。

② 子どもと子どもの間隔を空けさせない。

子どもと子どもの間隔が空くということは，その分だけ全体が長くなるということです。全体が長くなれば，その分だけ車が衝突する対象が大きくなります。

反対に，その間隔を空けさせないように努めれば，全体をコンパクトにまとめることができます。そうすることで，対象が小さくなり，危険を減らすことにつながります。

繰り返しますが，100%の安全の保証は絶対にありません。園外ではもちろんのこと，たとえ園内でもです。

このことをまずおとな（先生）が知り，その上で，安全の対策を心がけることが大切です。

49 安全管理③
いつでもどこでも子どもの人数を素早く数える方法

遠足や散歩などで園外に出かけるときは，子どもの人数を確認することが多くなります。

人数が少なければまだしも，20人，30人となると，なかなかすぐには数えることができません。数え忘れて，あとから「ひとり足りない！」なんてことになったら，それこそ大問題です。

では，できるだけ簡単に，素早く子どもの人数を数えるには，どうしたらよいでしょうか？　ぼくがちびっこ体操教室で遠足に行くときに使っている方法を，3つご紹介します。

① 2人1組で手をつながせる。
2人1組にしてしまえば，数える回数が半分になります。
そのまま2列に並ばせると，さらに数えやすくなります。

② グループをつくらせる。
あらかじめ，4，5人で1組のグループをつくっておき，人数を数えるときには，素早くそのグループをつくらせてから数えます。

③ 固定のペア（2人1組）をつくらせる。
普段から固定のペアを決めておき，人数を数えるときには，そのペアをつくらせます。この方法だと，子どもたち同士でも決まったペアの相手がいるかどうかを確認することになるため，次のようなメリットがあります。
・おとなと子どもで2重にチェックできる。

・人数が足りない場合に，誰がいないかがすぐにわかる。

これは，「バディシステム」といって，実際にプールや海で使われている人数点呼の方法です。

これらの方法はどれも，園外だけで使うよりも，**普段から園内でも使うようにして，子どもにけじめのある素早い行動を心がけさせておく**ことが，素早い人数確認につながります。

50 安全管理④
毎日の心がけで災害に備える

地震や火事などの災害は，予告なしに突然やって来ます。

突然やって来るものに，臨機応変に対応するのは，難しいことです。しかも，自分ひとりならまだしも，子どもたちと集団で生活している場所では，なおさらのことです。

災害が発生しないに越したことはないのですが，「ない」とは言えません。そして，あらゆることを想定してもまだ，想定しきれないことが起こり得るのが災害です。

それでは，そんな災害に備えるには，どうしたらよいのでしょうか？

ぼくは，こう考えています。

普段から，けじめのある集団行動を心がけていること。

けじめのある集団行動とは，話を聞くときは話を聞く、あと片付けをするときはあと片付けをする、集まるときは素早く集まるなど，「**おとな（先生）の指示を子どもが素早く行動に移す**」ということです。

子どもができているかどうか，という問題ではなく，おとな（先生）の意識の問題です。

避難訓練をすることももちろん，災害への大切な備えですが，年に数回だけです。

でも，けじめのある集団行動なら，毎日心がけることができます。

だからこそ，普段からけじめのある集団行動を心がけていることは，緊急事態になっても，いえ，緊急事態だからこそ，大いに役立つはずです。

コラム

きまりの本当の意味をもう一度考えてみる

あなたは，シルバーシートに座りますか？　それとも，座りませんか？

「座らない」と答えたあなたは，なぜ，シルバーシートに座らないのでしょうか？

ほとんどの人は，こう答えるのではないでしょうか。

「お年寄りや，からだの不自由な人のための，優先席だから」

でも，もしかしたら，こんな答えもあるのではないでしょうか。

「シルバーシートに座ると，あとで，その席を譲らなければいけなくなるから」

その答えがいいとか，いけないという問題ではなく，もしかしたら，そういう人だっているかもしれない，ということです。

では，ここから考えてみましょう。

シルバーシートは，お年寄りやからだの不自由な人のための優先席です。ということは，お年寄りやからだの不自由な人のためにつくられたものであるはずです。

では，そもそも，なぜ，優先席がつくられたのでしょうか？

それは，優先席が必要だったからであるはずです。

では，なぜ，優先席が必要だったのでしょうか？

お年寄りやからだの不自由な人がいたから？　それだけでしょうか？

では，考え方を変えてみます。

もしも，シルバーシートがなかったら，どうなるのでしょう？

お年寄りやからだの不自由な人は，いったい，どうなってしまうのでしょう？　優先されなくなってしまうのでしょうか？
今，シルバーシートのないところ（国）では，どうなっているのでしょう？　そこでは，お年寄りやからだの不自由な人は，優先されていないのでしょうか？

シルバーシートは，確かに優先席です。
でも，「シルバーシートはお年寄りやからだの不自由な人に譲らなければならない」という考え方は，こう言い換えることもできます。
「シルバーシートでなければ（ほかの座席ならば）譲らなくてもよい」

「シルバーシートに座ると，あとで，その席を譲らなければいけなくなるから」という理由でシルバーシートに座らない人は，まさに，このように考えていると言えるでしょう。

それでは，「シルバーシートは，お年寄りやからだの不自由な人のための優先席」というきまりの本当の意味は何か。
それは，「お年寄りやからだの不自由な人，すなわち，本当に必要としている人に，席を譲る」ということです。その席がシルバーシートであるかないかは，本来，関係のないことなのです。

このように，きまりの意味を考えずにただ守っていると，きまりの本当の意味がどこかに忘れ去られてしまうことがあるのです。

このように考えてくると，子どもに「シルバーシートってなあに？」と質問されたときに，こう答えることもできます。
「シルバーシートは，お年寄りやからだの不自由な人が座るためにある席なのよ。でもね，シルバーシートであっても，シルバーシートでなくても，お年寄りや，からだの不自由な人，席を必要としている人がいたら，譲ってあげようね」

著者紹介

●斎藤道雄

1965年福島県生まれ。

国士舘大学体育学部卒業。(株) ワイルドスポーツクラブ (おもに幼児体育指導者を派遣する) を経て，1997年健康維持増進研究会設立。2007年クオリティー・オブ・ライフ・ラボラトリー (QOL.LAB) に改名。

子どもからシニアまでを対象としたていねいでわかりやすい体操指導に定評がある。その指導経験を活かした，目先のことにとらわれず「本質を第一に考える」ことを目的とした人材育成事業 (対象は介護職員，保育士，幼稚園教諭など) には，参加者から「きちんとした理論に基づいた知識を得ることができた」「あいまいなことがはっきりしてスッキリした」など，多数の喜びの声が寄せられている。

おもな著書　『3・4・5歳児の考える力を楽しく育てる簡単ゲーム39』『0〜5歳児の運動する力を楽しく育てる簡単あそび47』『幼稚園・保育園のかならず成功する運動会の種目60』(黎明書房) ほか多数。

おもな契約先　セントケア株式会社，早稲田速記医療福祉専門学校，東京スポーツレクリエーション専門学校，有料老人ホーム敬老園，ほか多数。

※育成事業の詳細についてはこちら……
ホームページ　http://www.qollab.jp
※育成事業 (コーチング) のお問い合わせはこちら……
メール　m-saitoh@beach.ocn.ne.jp

＊イラスト：渡井しおり

幼稚園・保育園の子どものこころとからだを動かすすごい教え方50

2008年2月5日　初版発行
2009年7月31日　3刷発行

著　者　斎藤道雄
発行者　武馬久仁裕
デザイン　ホリコシミホ
印　刷　株式会社　太洋社
製　本　株式会社　太洋社

発行所　株式会社 黎明書房

〒460-0002　名古屋市中区丸の内3-6-27　EBSビル
☎052-962-3045　FAX052-951-9065　振替・00880-1-59001
〒101-0051　東京連絡所・千代田区神田神保町1-32-2
南部ビル302号　☎03-3268-3470

落丁本・乱丁本はお取替します。　ISBN978-4-654-06086-3